Sue Quinn

NATÜRLICH

SÜSSEN

mit Früchten und Beeren

Sue Quinn

NATÜRLICH
SÜSSEN

mit Früchten und Beeren

Fotos von Victoria Wall Harris

INHALT

EINLEITUNG

Fast allen von uns täte es gut, den Zuckerkonsum einzuschränken oder sogar ganz auf Zucker zu verzichten. Denn Zucker sollte nicht mehr als zehn Prozent, im Idealfall sogar weniger als fünf Prozent der Kalorien ausmachen, die wir täglich über Lebensmittel und Getränke zu uns nehmen. Praktisch heißt das: nicht mehr als 70 g Zucker für Männer und 50 g für Frauen pro Tag. Dieses Buch hilft Ihnen dabei, Ihren Zuckerkonsum zu senken. Wie Sie die Vorschläge dann umsetzen, liegt ganz bei Ihnen: Manche machen einen radikalen Schnitt, andere gehen lieber in kleinen Schritten vor. Welchen Weg Sie auch einschlagen, beherzigen Sie folgende Punkte:

Egal wie hoch die Zuckermenge ist, die Sie momentan zu sich nehmen, Sie werden wahrscheinlich eine ganze Weile brauchen, um sich an einen verringerten Konsum zu gewöhnen. Womöglich finden Sie am Anfang, dass Ihr selbst gemachter Ketchup nicht so gut schmeckt wie der gekaufte, eben weil er weniger süß ist. Oder vielleicht denken Sie, dass Kuchen, der ohne raffinierten Zucker zubereitet wird, weniger Geschmack und eine andere Konsistenz hat als Kuchen mit Zucker. Aber geben Sie nicht auf, denn Ihr Gehirn und Ihre Geschmacksknospen werden sich daran gewöhnen. Und im Laufe der Zeit nehmen Sie den Unterschied dann immer weniger wahr.

Viele angeblich zuckerfreie Rezepte werden mit reichlich Honig, Agavensirup oder anderen süßen Sirupen gesüßt. Sie genießen nämlich häufig einen guten Ruf, denn sie gelten als »natürlich« und damit gesünder als Kristallzucker. In Wirklichkeit aber enthalten diese Sirupe sehr viel Zucker, haben einen geringen Nährwert und bisweilen einen hohen Fruktose-Anteil, den manche Experten für gesundheitsschädlich halten.

Deshalb finden Sie Honig und Sirup nicht in meinen Rezepten. Das gilt übrigens auch für Zuckerersatzstoffe wie Stevia oder Xylit. Wenn Sie Ihren Zuckerkonsum verringern wollen, dann empfehle ich Ihnen, künstliche Süßstoffe generell zu meiden. Sie können nämlich Heißhungerattacken auf Süßes auslösen.

Zum Süßen der hier vorgestellten Gerichte verwende ich getrocknete und frische Früchte. Früchte sind reich an Ballaststoffen. Aus diesem Grund werden die darin enthaltenen Zucker vom Körper langsamer aufgenommen und lassen den Blutzucker nicht in die Höhe schießen.
Bei einigen Rezepten setze ich auch Fruchtsäfte zum Süßen ein. Als Getränk in großen Mengen sind sie ja nur eingeschränkt zu empfehlen, aber zum Kochen kann man Fruchtsäfte in Maßen durchaus benutzen – vorausgesetzt, sie werden mit ballaststoffreichen Zutaten kombiniert.

Zuletzt noch ein Hinweis: Wenn Sie an Diabetes Typ 1 oder Typ 2 leiden, sprechen Sie unbedingt mit Ihrem Arzt, bevor Sie die Rezepte auf den folgenden Seiten ausprobieren.

WARUM ZUCKER UNGESUND IST

Für unseren Körper ist Glukose (Traubenzucker) die Hauptenergiequelle. Sie gehört zu den Kohlenhydraten (Verbindung von Zuckermolekülen), die Bausteine unserer täglichen Nahrung sind. Wenn Fachleute aber von übermäßigem Zuckerkonsum sprechen, meinen sie damit Zucker wie Saccharose (Haushaltszucker), die in Gebäck, Süßigkeiten, Desserts, Erfrischungsgetränken, Fruchtsäften, Honig und Sirup stecken.

Saccharose hat keinen Nährwert und enthält nur »leere« Kalorien. Je mehr Kalorien wir zu uns nehmen, desto eher werden wir dick. Fettleibigkeit wiederum begünstigt Herzkrankheiten, Diabetes Typ 2, Karies und viele andere ernsthafte Gesundheitsprobleme.

Experten vermuten, dass besonders der Fruktose-Anteil in der Saccharose schädlich ist (siehe unten). Achten Sie darauf, Obst und Gemüse mit einem möglichst geringen Fruchtzuckergehalt (siehe Tabelle Seite 15) zu verwenden.

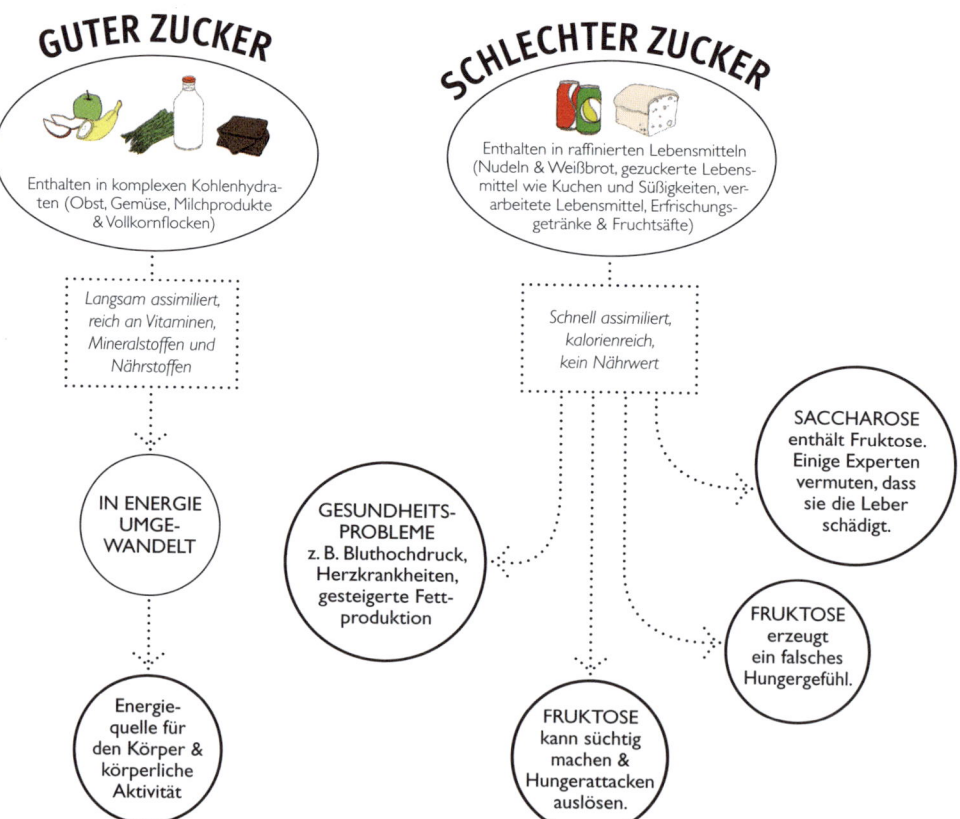

GUTER ZUCKER

Enthalten in komplexen Kohlenhydraten (Obst, Gemüse, Milchprodukte & Vollkornflocken)

Langsam assimiliert, reich an Vitaminen, Mineralstoffen und Nährstoffen

IN ENERGIE UMGEWANDELT

Energiequelle für den Körper & körperliche Aktivität

SCHLECHTER ZUCKER

Enthalten in raffinierten Lebensmitteln (Nudeln & Weißbrot, gezuckerte Lebensmittel wie Kuchen und Süßigkeiten, verarbeitete Lebensmittel, Erfrischungsgetränke & Fruchtsäfte)

Schnell assimiliert, kalorienreich, kein Nährwert

SACCHAROSE enthält Fruktose. Einige Experten vermuten, dass sie die Leber schädigt.

GESUNDHEITSPROBLEME z. B. Bluthochdruck, Herzkrankheiten, gesteigerte Fettproduktion

FRUKTOSE erzeugt ein falsches Hungergefühl.

FRUKTOSE kann süchtig machen & Hungerattacken auslösen.

VERPACKUNGEN RICHTIG LESEN

Es ist nicht immer einfach, auf der Verpackung von Lebensmitteln den darin enthaltenen Zucker zu erkennen. Diese Tipps helfen Ihnen, die Etiketten zu entschlüsseln und so zuckerreiche Produkte zu meiden.

○ Suchen Sie den Zuckergehalt in der Kategorie Kohlenhydrate. Er wird in der Regel unter »Kohlenhydrate (davon Zucker)« angegeben.

○ Ein Zuckergehalt von 22,5 g bei einer Menge von 100 g ist hoch, ein Zuckergehalt unter 5 g pro 100 g ist gering. Werte dazwischen bezeichnen einen mittleren Zuckergehalt.[1]

○ Je länger die Liste der Zutaten, desto stärker ist das Produkt verarbeitet. Meiden Sie es deshalb lieber.

FAKT:

4 g Zucker = 1 Teelöffel

○ Bei einem Milchprodukt sind 4,7 g Zucker pro 100 ml Laktose, also natürlich enthaltener Milchzucker. Der Rest aber sind Zuckerzusätze.

○ Die Zutaten sind in der Reihenfolge ihres Gewichts angegeben. Wenn dabei Zucker an erster Stelle steht, bedeutet das, dass der Zuckergehalt hoch ist.

○ Machen Sie sich mit den verschiedenen Benennungen von Zucker vertraut. Die nebenstehende Liste hilft dabei.

Zucker wird unter folgenden Bezeichnungen auf der Verpackung ausgewiesen.[2] Die Liste ist jedoch nicht vollständig:

Acesulfam-Aspartamsalz (E 962)
Acesulfam-K (E 950)
Aspartam (E 951)
Brauner Zucker
Cyclamat (E 952)
Dextrin / Maltodextrin / Weizendextrin
Dextrose
Dicksaft
Erythrit (E 968)
Fruchtextrakt
Fruchtpüree
Fruchtsüße / Apfelsüße / Traubensüße
Fruchtzucker
Fruktose
Fruktose-Glukose-Sirup
Fruktose-Sirup
Gerstenmalz / Gerstenmalzextrakt
Getrocknete Früchte / Rosinen
Getrockneter Glukosesirup
Gezuckerte Kondensmilch
Glukose
Glukose-Fruktose-Sirup
Glukosesirup
Honig
Inulin
Invertzucker
Invertzuckercreme
Invertzuckersirup
Isomalt (E 953)
Joghurtpulver
Karamellisierter Zucker
Karamellsirup
Karamellzuckersirup
Konzentrierte Fruchtsäfte / Fruchtsaftkonzentrate
Laktose
Magermilchpulver / Vollmilchpulver
Maltit / Maltitsirup / Maltitol (E 965)
Maltose
Malzzucker
Milchzucker
Molkenerzeugnis / Molkenpulver / Süßmolkenpulver
Oligofruktose / Raffinose
Oligofruktosesirup
Polydextrose
Raffinadezucker
Rohrohrzucker
Saccharin (E 954)
Saccharose
Sorbit (E 420)
Steviolglykoside (E 960)
Sucralose (E 955)
Traubenzucker
Vanille-/Vanillinzucker
Weißzucker
Xylit (E 967)
Zucker
Zuckerrübensirup

[1] NHS Choices (Nationaler Gesundheitsdienst Großbritanniens), »How much sugar is good for me?«, www.nhs.uk/chq/pages/1139.aspx, vom 17.05.2013
[2] Verbraucherzentrale Bayern e.V., Versteckte Süßmacher – bundesweite Markterhebung, 2013

ZUCKERARMES BEVORZUGEN

Wie Sie Lebensmittel mit hohem Zuckergehalt am besten durch weniger zuckerhaltige ersetzen können, zeigt Ihnen folgende Tabelle*. Lesen Sie beim Kauf die Zutatenliste auf der Verpackung stets sorgfältig durch, denn der Zuckergehalt eines Produkts kann von Marke zu Marke stark variieren. Und Achtung: Auch verarbeitete salzige Lebensmittel sind nicht zuckerfrei! So enthalten zum Beispiel 100 g Barbecue-Chips etwa die gleiche Menge Zucker wie ein großes Stück Milchschokolade.

GETRÄNKE (Gramm Zucker pro 330 ml)

Meiden		Bevorzugen	
aromatisierte Fruchtgetränke (weniger als 3 % Fruchtsaft)	53 g	Vollmilch	17 g (Laktose)
Mango-Smoothie	41 g	Gemüsesaft	11 g
Cola-Getränke	36 g	Tomatensaft	9 g
ungesüßter Apfelsaft	33 g	Kaffee, Tee, Kräutertee, stilles & kohlensäurehaltiges Mineralwasser	0 g
Ingwerlimonade	29 g		

KONFITÜRE, AUFSTRICHE & SÜSSWAREN (Gramm Zucker pro 100 g)

Meiden		Bevorzugen	
Honig	82 g	zerdrückte Banane	12 g
Nuss-Nugat-Creme	54 g	roher Apfel	10 g
Konfitüre	48,5 g	gemahlener Zimt	2 g
Vollmilchschokolade	51,5 g	Bitterschokolade (70–85 % Kakao)	24 g

FRÜHSTÜCKSZEREALIEN (Gramm Zucker pro 100 g)

Meiden

	Cheerios mit Honig und Nüssen	33 g
	fettreduziertes Knuspermüsli mit Früchten	32 g
	Knuspermüsli natur mit Haferflocken, Weizenflocken & Honig	20 g

Bevorzugen

	Haferflocken	1 g
	Puffreis	0 g

BROT, KUCHEN & GEBÄCK (Gramm Zucker pro 100 g)

Meiden

	Biskuitkuchen	37 g
	Schokoladen-Cookies	33 g
	Bagel	6 g
	Baguette oder Sauerteigbrot	5 g
	Weißbrot	4 g

Bevorzugen

	Schwarzbrot	0,5 g
	Pitabrot aus Vollkornmehl	weniger als 1 g
	Blätterteig (TK)	weniger als 1 g
	Kräcker natur	weniger als 0,5 g

FETTREDUZIERTE »DIÄT«-LEBENSMITTEL (Gramm Zucker pro 100 g)

Meiden

	Fruchtjoghurt mit 0 % Fett	19 g
	fettreduzierte Mayonnaise	4 g

Bevorzugen

	Vollmilch-Joghurt natur	5 g (Laktose)
	klassische Mayonnaise	weniger als 1 g

* Gesamtzuckergehalt laut USDA (Landwirtschaftsministerium der USA), nationale Datenbank für Nährwertangaben. Bitte bedenken Sie, dass einige der empfohlenen Produkte zwar weniger Zucker, dennoch aber viel Fett enthalten. Verzehren Sie diese im Rahmen einer gesunden Ernährung deshalb maßvoll.

GESALZENE LEBENSMITTEL (Gramm Zucker pro 100 g)

Meiden		Bevorzugen	
Barbecuesauce	33 g	Dosentomaten	3 g
Ketchup	21 g	Chips »natur«	weniger als 0,5 g
Nudelsauce mit Tomaten & Basilikum	7 g		
Süßsaure Fertigsauce	19 g		
Barbecuechips	5 g		

ALKOHOLISCHE GETRÄNKE (Gramm Zucker pro 100 g)

Meiden		Bevorzugen	
Minzlikör	49 g	Gin, Rum, Wodka, Whisky, Bier, Sake	0 g
Kaffeelikör	40 g	Rotwein & Weißwein	weniger als 1 g
Süßwein	8 g		

FAST FOOD (Gramm Zucker pro 100 g)

Meiden		Bevorzugen	
Hühnchen süßsauer vom Chinarestaurant	11 g	Hühnchen Chow Mein vom Chinarestaurant	2 g
Cheeseburger vom Fast-Food-Restaurant	6 g	paniertes und frittiertes Fischfilet	weniger als 0,5 g
Coleslaw vom Fast-Food-Restaurant	12 g	Pommes vom Fast-Food-Restaurant	weniger als 0,5 g

ZUCKER IN DER KÜCHE ERSETZEN

Tauschen Sie beim Kochen und Backen den Haushaltszucker einfach gegen natursüße Zutaten. Sie geben den Gerichten mehr Geschmack und gleichen so den geringeren Zuckergehalt aus. Experimentieren Sie dabei ruhig mit der jeweils im Rezept angegebenen Menge.

UNGESÜSSTES APFELMUS

Das Mus lässt sich anstelle von Zucker für Kekse, Muffins oder Kuchen verwenden. Erhöhen Sie bei Bedarf zum Ausgleich die Menge der trockenen Zutaten. Ein Löffel Apfelmus süßt statt Zucker oder Honig auch Ihren Joghurt oder Ihre Frühstücksflocken.

TROCKENFRÜCHTE

Sie zeichnet ein hoher Zucker-gehalt, aber auch wertvolle Nährstoffe aus. Deshalb gehören sie zu den empfohlenen täglichen 5 Portionen Obst und Gemüse. Zerkleinern Sie frische Datteln in der Küchenmaschine zu einer Paste und verwenden Sie diese statt Zucker zum Backen. Getrocknete Datteln oder andere Trockenfrüchte werden vor dem Pürieren in Wasser eingeweicht. Erhöhen Sie zum Ausgleich bei Bedarf die Menge der trockenen Zutaten.

ZERDRÜCKTE BANANE

In Backwaren mit feinporiger Krume wie Möhrenkuchen oder Bananenbrot können Sie den Zucker durch zerdrückte Banane ersetzen. Je reifer die Bananen sind, desto süßer sind sie. Auch geba-ckene Bananen eignen sich gut.

ZIMT

Das würzige Pulver gibt ein leicht süßliches Aroma. Sie können auch Ihren Kaffee damit verfeinern.

MUSKATNUSS

Gibt ein leicht süßliches Aroma.

GEMAHLENE FENCHELSAMEN

Das duftende Gewürz gibt ein fein süßliches Aroma.

VANILLE

Ob Vanillemark, -pulver oder ungesüßtes -extrakt, alle verleihen ein süßliches Aroma. Auf den Fotos ist das Extrakt zu sehen (erhältlich in Apotheken), genauso gut kann man das leicht erhältliche Mark verwenden.

KOKOSÖL

In der Küche gibt das feste weiße Pflanzenöl den darin gebratenen Lebensmitteln eine süßliche Note. Beim Backen ersetzt es anderes Pflanzenöl oder Butter. Oder Sie mixen einen Löffel davon in Ihren Smoothie.

KOKOSMILCH

Der cremig Pflanzendrink ersetzt Kuhmilch. Mit ihrem leicht süß-lichen Aroma bereichert Kokos-milch Smoothies, Milchshakes und viele andere Gerichte.

MANDELMILCH

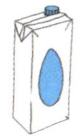

Durch sie bekommen Milchshakes und Smoothies eine zart süßliche Note und eine cremige Konsistenz. Die Milch schmeckt auch köstlich in Backwaren. Verwenden Sie die ungesüßte Variante.

ZUCKER VERMEIDEN

In unserer täglichen Ernährung besitzt Zucker einen so hohen Stellenwert, dass uns oft gar nicht bewusst ist, wie viel wir davon konsumieren. Diese Zuckermenge lässt sich deutlich senken. Es reicht schon aus, wenn Sie auf den Zuckergehalt Ihrer Lebensmittel achten und wenn Sie einige einfache Umstellungen in Ihrer Ernährung vornehmen.

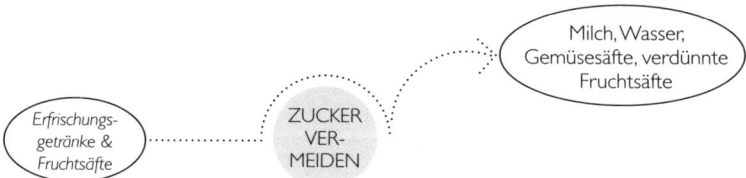

Senken Sie zuerst Ihren Verzehr von gesüßten Getränken oder verzichten Sie ganz darauf. Meiden Sie besonders Erfrischungsgetränke und Fruchtsäfte, denn sie sind besonders schädlich. Trinken Sie stattdessen Milch, Wasser, Gemüsesäfte oder verdünnte Fruchtsäfte. Verringern Sie auch bei Heißgetränken nach und nach die Zuckermenge, bis Sie ganz ohne Zucker auskommen.

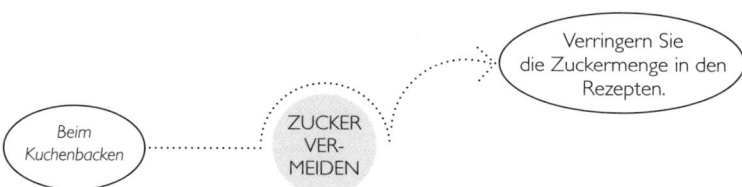

Wenn Sie Kuchen oder Feingebäck zubereiten, reduzieren Sie die im Rezept angegebene Zuckermenge um ein Drittel oder sogar um die Hälfte. Gönnen Sie sich hin und wieder Kuchen, Kekse und Gebäck, aber essen Sie nicht täglich davon.

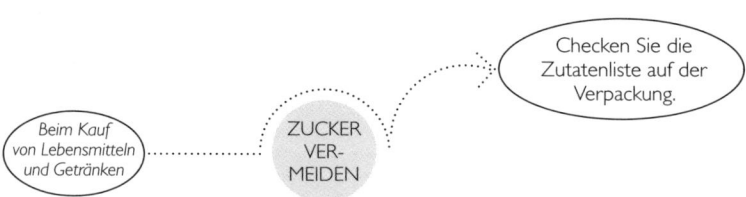

Informieren Sie sich über den Gesamtzuckergehalt (besonders über den Fruktose-Gehalt) der Lebensmittel und der Getränke, die Sie kaufen. Denn je nach Marke kann die Menge stark variieren. Lesen Sie die Etiketten sorgfältig.

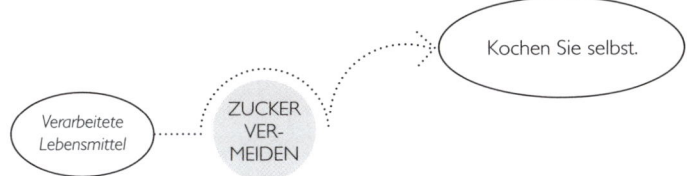

Meiden Sie verarbeitete Lebensmittel mit reichlich Zucker, besonders Saucen und Frühstückszerealien. Bereiten Sie Ihr Essen lieber selbst zu – mit frischen Zutaten.

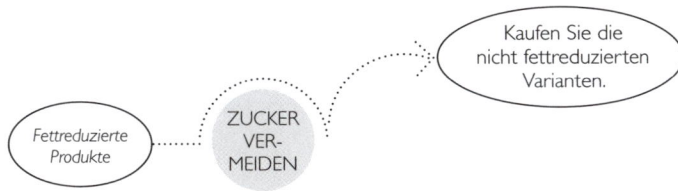

Meiden Sie fettreduzierte Produkte, denn die Hersteller gleichen den geringeren Fettgehalt aus, indem sie den Zuckergehalt erhöhen. Dadurch erhalten die Produkte mehr Geschmack. Essen Sie z. B. statt aromatisiertem Fruchtjoghurt lieber Naturjoghurt mit Obstkompott.

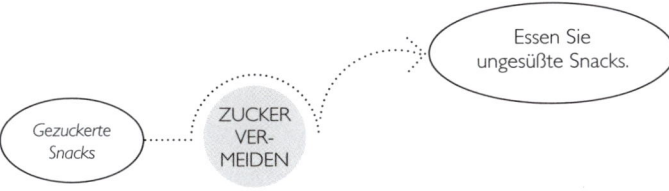

Statt zwischen den Mahlzeiten gezuckerte Snacks zu knabbern, sollten Sie lieber mehrere kleine Mahlzeiten essen – erlaubt sind bis zu sechs pro Tag. Finden Sie zuckerfreie Alternativen zu Ihren gesüßten Lieblingssnacks, z. B. Nüsse, Kerne oder zuckerfreie Kekse.

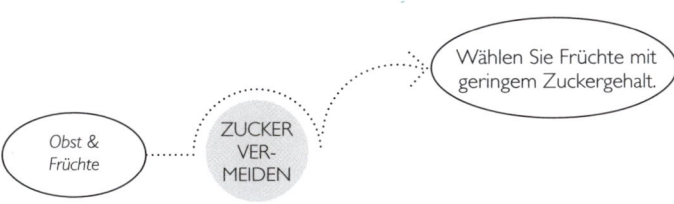

Frische Früchte sind gesund, enthalten aber auch viel Zucker, vor allem Fruktose. Verzehren Sie sie maßvoll und wählen Sie am besten Früchte aus nebenstehender Liste. (Der Zuckergehalt der Früchte steigt darin nach unten hin an.) Greifen Sie bei Konserven zu Früchten im eigenen, ungezuckerten Saft.

FRÜCHTE

mit weniger als 10 g
Zucker pro 100 g

 Himbeeren

 wilde Brombeeren

 Erdbeeren

 Wassermelonen

Johannisbeeren

Papayas

Cantaloupe-Melonen

Nektarinen

Kulturbrombeeren

Honigmelonen

Mandarinen

Ananas

Pfirsiche

Sauerkirschen

Guaven

Kiwis

Aprikosen

Orangen

Äpfel

Birnen

 Heidelbeeren

GRUNDREZEPTE

In verarbeiteten Lebensmitteln steckt reichlich Zucker – und den essen Sie unbewusst mit. Aber diese Falle können Sie umgehen: Bereiten Sie die Basics, die Sie regelmäßig verwenden, einfach selbst zu.

Ketchup • Barbecuesauce • Apfelmus
Mayonnaise • Erdnussbutter • Heidelbeerkonfitüre
Nussaufstrich • Mürbeteig • Naturjoghurt
Vinaigrette • Cremiges Salatdressing • Vollkornbrot

KETCHUP

Ergibt etwa 250 ml – Zubereitung: 1 Stunde

ZUTATEN

2 EL Olivenöl • ½ Zwiebel, gewürfelt • ½ rote Paprikaschote, gewürfelt
½ roter Apfel, mit Schale gewürfelt • 1 großzügige Prise Salz
1 Knoblauchzehe, gehackt • 2 EL Tomatenmark
2 reife Tomaten (etwa 250 g), gewürfelt • 60 ml passierte Tomaten (aus der Dose)
2 EL Rotweinessig • 1 Prise Cayennepfeffer • ½ TL gemahlener Zimt
2 Gewürznelken • ¼ TL Selleriesalz • 1 Lorbeerblatt

Das Olivenöl in einem großen Topf erhitzen. Zwiebel, Paprika und Apfel darin 15 Minuten unter Rühren anschwitzen. Salz und Knoblauch zugeben und 5 Minuten mitbraten. Tomatenmark, gewürfelte und passierte Tomaten, Essig und Gewürze unterrühren. Alles abgedeckt bei schwacher Hitze 15 Minuten köcheln lassen, dabei gelegentlich umrühren. Danach den Deckel abnehmen und den Ketchup offen noch 5 Minuten weiter-köcheln lassen. Das Lorbeerblatt entfernen und den Ketchup im Mixer cremig pürieren. Mit Salz, Cayennepfeffer und Essig abschmecken und den Ketchup durch ein Sieb streichen. In einer luftdicht schließenden Flasche im Kühlschrank aufbewahren.

BARBECUESAUCE

Ergibt etwa 500 ml – Zubereitung: 1 Stunde

ZUTATEN
400 ml passierte Tomaten (aus der Dose) • 1 Zwiebel, gewürfelt
2 Knoblauchzehen, gehackt • 2 EL Tomatenmark • 2 TL Dijonsenf
3 EL Cidre-Essig • 1 EL Pflanzenöl
2 EL geräuchertes Paprikapulver • ½ TL Cayennepfeffer
1 TL Fleur de Sel • Pfeffer • ½ TL Flüssigrauch (nach Belieben)
80 g ungesüßte Ananasstücke (aus der Dose) • 60 ml ungesüßter Ananassaft
1 EL Rosinen • 1 EL Worcester- oder Sojasauce
400 ml Hühnerbrühe, plus mehr bei Bedarf

Tomaten, Zwiebel, Knoblauch, Tomatenmark, Senf, Essig, Öl, Gewürze, Flüssigrauch, Ananas, Ananassaft, Rosinen und Worcester- oder Sojasauce im Mixer cremig pürieren. Die Mischung in einen Topf füllen, einen Schuss Brühe zugeben und alles abgedeckt 45 Minuten köcheln lassen. Dabei regelmäßig umrühren und immer wieder etwas Brühe zugeben, damit die Sauce beim Einkochen nicht anhängt. Die Sauce zuletzt mit Salz und Pfeffer abschmecken. In einem luftdicht schließenden Gefäß im Kühlschrank aufbewahren.

APFELMUS

Ergibt 500 g – Zubereitung: 1 Stunde

ZUTATEN
1 kg süße Äpfel, entkernt und mit Schale in kleine Stücke geschnitten
2 TL gemahlener Zimt (nach Belieben)

Den Backofen auf 170 °C vorheizen. Die Äpfel in eine ofenfeste Form
geben und im Ofen etwa 1 Stunde garen, bis sie sehr weich sind.
Dabei nach der Hälfte der Garzeit einmal durchrühren. Alternativ die Äpfel
in einem Schongarer bei starker Hitze 3 Stunden garen. Die gegarten Äpfel
in den Mixer oder in die Küchenmaschine füllen, nach Belieben den
Zimt zugeben und fein pürieren. Das Apfelmus in einem luftdicht
schließenden Gefäß im Kühlschrank aufbewahren.

MAYONNAISE

Ergibt etwa 250g – Zubereitung: 10 Minuten

ZUTATEN

2 Eigelb (Größe M)
1 EL Zitronensaft, plus mehr zum Abschmecken
Fleur de Sel • 250 ml Pflanzenöl
2 EL Olivenöl • 1 gehäufter TL Dijonsenf

Eigelbe, Zitronensaft und 1 großzügige Prise Salz mit dem Handrührgerät zu einer cremigen Masse verquirlen. Dann beide Ölsorten unter ständigem Rühren in einem dünnen Strahl einlaufen lassen, bis die Masse fester und heller wird. Den Senf unterrühren und die Mayonnaise mit Zitronensaft und Salz abschmecken. Die Mayonnaise in einem luftdicht schließenden Gefäß im Kühlschrank aufbewahren.

ERDNUSSBUTTER

Ergibt etwa 400 g – Zubereitung: 10 Minuten

ZUTATEN
400 g geröstete, ungesalzene Erdnüsse
Fleur de Sel • 1 EL Pflanzenöl

Die Hälfte der Erdnüsse im Mixer oder in der Küchenmaschine grob hacken.
Die restlichen Erdnüsse und 1 großzügige Prise Salz zugeben und alles zu einer
glatten Masse zerkleinern. Zuletzt tropfenweise das Öl unterrühren, bis die
gewünschte Konsistenz erreicht ist. Die Erdnussbutter mit Salz abschmecken und
in einem luftdicht schließenden Gefäß im Kühlschrank aufbewahren.

HEIDELBEERKONFITÜRE

Ergibt etwa 600 g – Zubereitung: 45 Minuten

ZUTATEN

800 g Heidelbeeren, entstielt
2 EL Zitronensaft • 400 ml ungesüßter Traubensaft

Die Heidelbeeren in einen schweren Topf geben und mit einem Kartoffelstampfer zerdrücken. Zitronen- und Traubensaft einrühren und die Beeren aufkochen. Die Hitze dann reduzieren und die Beeren offen 30–40 Minuten köcheln lassen, bis die Masse konfitüreartig eindickt. Die heiße Konfitüre in saubere, sterilisierte Gläser füllen, luftdicht verschließen und im Kühlschrank aufbewahren.

NUSSAUFSTRICH

Ergibt etwa 200 g – Zubereitung: 10 Minuten

ZUTATEN

100 g Haselnusskerne
Mark von ½ Vanilleschote • 60 g frische Datteln, entkernt
3 EL ungesüßtes Kakaopulver • 1 EL Haselnussöl
1 TL Milchpulver • 1 Prise Salz • 2–3 EL Kokoscreme

Die Haselnusskerne in einer Pfanne ohne Fett rösten, bis sie duften und leicht bräunen. Die Nüsse etwas abkühlen lassen, dann im Mixer oder in der Küchenmaschine zu einer Paste zerkleinern. (Das dauert einige Zeit.) Vanillemark, Datteln, Kakao, Öl, Milchpulver und Salz zugeben und weitermixen, bis eine glatte Creme entsteht. Zuletzt löffelweise die Kokoscreme untermixen, bis die gewünschte Konsistenz erreicht ist. Den Nussaufstrich in einem luftdicht schließenden Gefäß im Kühlschrank aufbewahren.

MÜRBETEIG

Für 1 Tarte (26 cm Ø) – Zubereitung: 40 Minuten

ZUTATEN

250 g Mehl, plus mehr zum Arbeiten
1 Prise Salz
125 g kalte Butter, gewürfelt
1 Ei (Größe M)

Mehl, Salz und Butter in der Küchenmaschine in Intervallen zu
einer fein-bröseligen Masse vermischen. Das Ei zugeben und in Intervallen
weiterrühren, bis sich alles zu einem Teig verbindet.
Den Teig auf der leicht bemehlten Arbeitsfläche zu einem Kreis formen,
dabei jedoch nicht kneten. Den Kreis in Frischhaltefolie wickeln und
im Kühlschrank 30 Minuten ruhen lassen. Danach ausrollen
und je nach Rezept weiterverwenden.

NATURJOGHURT

Ergibt etwa 2 kg (abgetropft etwas weniger) – Zubereitung: 4 ½–8 Stunden

ZUTATEN

2 l Vollmilch
120 g zimmerwarmer Naturjoghurt

Die Milch in einem Topf langsam auf 80 °C erhitzen. Vom Herd nehmen und auf 45 °C abkühlen lassen. Dann 200 ml Milch abnehmen und in einer Schüssel mit dem Joghurt verrühren. Den Ansatz unter die restliche Milch rühren. Den Deckel auf den Topf legen und mit zwei Geschirrtüchern bedecken. Das Backofenlicht einschalten (den Ofen nicht anschalten!), den Topf in den Ofen stellen und 4–8 Stunden ruhen lassen, bis der Joghurt dick und fest ist. Für griechischen Joghurt ein Sieb mit einem Mulltuch auslegen. Den Joghurt hineingeben und abtropfen lassen, bis er cremig ist. In luftdicht schließenden Flaschen oder Gläsern im Kühlschrank aufbewahren.

VINAIGRETTE

Ergibt etwa 100 ml – Zubereitung: 5 Minuten

ZUTATEN

2 EL Rotwein- oder Weißweinessig • 1 EL Dijonsenf
Fleur de Sel • frisch gemahlener schwarzer Pfeffer
60 ml Pflanzenöl • 2 EL natives Olivenöl extra

Essig, Senf, Salz, Pfeffer und beide Ölsorten in ein Gefäß mit Schraub- oder
Bügelverschluss füllen. Dann kräftig schütteln, bis sich alles gut verbunden hat.
Die Vinaigrette in einem luftdicht schließenden Gefäß im
Kühlschrank aufbewahren.

CREMIGES SALATDRESSING

Ergibt etwa 200 ml – Zubereitung: 5 Minuten

ZUTATEN

150 g Joghurt • 2 EL saure Sahne oder Crème fraîche
½ Knoblauchzehe, zerdrückt
1 EL fein gehackter Dill, Schnittlauch oder glatte Petersilie (oder gemischt)
½ TL Dijonsenf • 2 EL Cidre- oder Weißweinessig
90 ml natives Olivenöl extra

Joghurt, saure Sahne, Knoblauch, Dill, Senf, Essig und Olivenöl
in ein Gefäß mit Schraub- oder Bügelverschluss füllen.
Dann kräftig schütteln, bis alles gut verbunden hat.
Das Dressing in einem luftdicht schließenden Gefäß im
Kühlschrank aufbewahren.

VOLLKORNBROT

Ergibt 1 Laib – Zubereitung: 1 Stunde, plus 3 Stunden Ruhen

ZUTATEN

250 g Vollkornmehl • 250 g Mehl, plus mehr zum Arbeiten
1 TL Salz • ¾ Würfel frische Hefe (30 g)
1 Vitamin-C-Tablette (250 mg), sehr fein zerstoßen
1 ½ EL Butter, geschmolzen und abgekühlt

AUSSERDEM: Kastenform (30 cm lang) • Pflanzenöl zum Arbeiten

Beide Mehlsorten, Salz, Hefe und Vitamin C mischen. Butter und 300–400 ml
lauwarmes Wasser einrühren, bis ein klebriger Teig entsteht. Den Teig auf
der bemehlten Arbeitsfläche 1 Minute verkneten und zu einer Kugel formen.
In eine geölte Schüssel legen und abgedeckt etwa 2 Stunden gehen lassen, bis er
sein Volumen verdoppelt hat. Danach mit der Faust die Luft aus dem Teig
drücken, wieder zu einer Kugel formen und weitere 15 Minuten gehen lassen.
Die Form einölen. Den Teig auf der geölten Arbeitsfläche zu einem 30 cm langen
Rechteck drücken. Dieses fest aufrollen und mit der Naht nach unten in die
Form legen. Mit einem Geschirrtuch abgedeckt 45–60 Minuten gehen lassen, bis
der Teig über den Formrand aufgegangen ist. Den Backofen auf 200 °C vorheizen
und das Brot 40 Minuten goldgelb backen. Abkühlen lassen, dann anschneiden.

FRÜHSTÜCK

Ob Müsli, Flakes oder Pops – in gekauften Frühstückszerealien ist massig Zucker versteckt! Beginnen Sie Ihren Tag stattdessen doch lieber mit einem unserer zuckerfreien Frühstücksvorschläge.

Mango-Möhren-Smoothie • Prickelnder Fruchtcocktail
Rote-Bete-Smoothie • Milchshake mit Datteln
Schoko-Erdnuss-Milchshake • Porridge
Knuspriges Granola • Müsli de luxe • Birchermüsli
Pfirsich-Pancakes • Heidelbeerwaffeln
Arme Ritter mit Banane • Toast mit frischen Erdbeeren

MANGO-MÖHREN-SMOOTHIE

Für 2 Gläser – Zubereitung: 5 Minuten

ZUTATEN

80 g Möhren, geschält • 50 g Pastinaken, geschält
180 g Mangofruchtfleisch, in kleine Stücke geschnitten

Möhren und Pastinaken in der Küchenmaschine grob hacken oder alternativ auf einer Küchenreibe grob raspeln. Die Gemüse- und Mangostücke dann in der Küchenmaschine oder im Mixer cremig pürieren. Dabei nach und nach etwas Wasser untermixen, bis die gewünschte Konsistenz erreicht ist. Den Smoothie sofort servieren.

PRICKELNDER FRUCHTCOCKTAIL

Für 2 Gläser – Zubereitung: 5 Minuten

ZUTATEN
1 Pfirsich, fein gewürfelt • 1 Handvoll Weintrauben
1 Handvoll Minzeblätter, plus einige Minzeblätter zusätzlich
½ TL frisch geriebener Ingwer • 1 Bio-Zitrone, die Schale dünn abgerieben,
das Fruchtfleisch in dünne Scheiben geschnitten
1 Handvoll gemischte, tiefgekühlte Beeren • Mineralwasser mit Kohlensäure

Pfirsich, Trauben, Minze, Ingwer und Zitronenschale in einer
kleinen Schüssel mit einem Kochlöffel mischen. Dabei die Früchte leicht
gegen die Schüsselwand drücken und so etwas Saft auspressen.
Die Fruchtmischung auf zwei Gläser verteilen. Tiefgekühlte Beeren,
zusätzliche Minzeblätter und Zitronenscheiben dazugeben.
Mit Mineralwasser auffüllen und den Cocktail sofort servieren.

ROTE-BETE-SMOOTHIE

Für 2 Gläser – Zubereitung: 5 Minuten

ZUTATEN
2 mittelgroße Rote-Bete-Knollen, gekocht und geviertelt
½ kleine Fenchelknolle, gewürfelt • 1 große Handvoll junger Spinat
1 Handvoll gemischte, tiefgekühlte Beeren
1 Stück frischer Ingwer (1–2 cm), geschält und gehackt

Rote-Bete-Knollen, Fenchel, Spinat, Beeren, Ingwer und 125 ml Wasser
im Mixer oder in der Küchenmaschine auf höchster Stufe cremig pürieren.
Nach Belieben noch etwas Wasser untermixen, bis die gewünschte
Konsistenz erreicht ist. Den Smoothie sofort servieren.

MILCHSHAKE MIT DATTELN

Für 2 Gläser – Zubereitung: 5 Minuten

ZUTATEN

1 große Banane • 60 g frische Datteln, entkernt • 60 g Haferflocken
350 ml Mandel- oder Kuhmilch, plus mehr nach Belieben
2 EL ungesüßtes Kakaopulver • 1 Prise gemahlener Zimt

Banane, Datteln, Haferflocken, Mandelmilch, Kakao und Zimt im Mixer oder
in der Küchenmaschine cremig pürieren. Nach Belieben etwas mehr Milch
untermixen, bis die gewünschte Konsistenz erreicht ist.
Den Milchshake sofort servieren.

SCHOKO-ERDNUSS-MILCHSHAKE

Für 2 Gläser – Zubereitung: 5 Minuten

ZUTATEN

1 große Banane
350 ml Mandel- oder Kuhmilch, plus mehr nach Belieben
120 g ungesüßte Erdnussbutter (s. S. 26)
1 gehäufter EL ungesüßtes Kakaopulver

Banane, Mandelmilch, Erdnussbutter und Kakao im Mixer oder
in der Küchenmaschine cremig pürieren. Nach Belieben etwas mehr
Milch untermixen, bis die gewünschte Konsistenz erreicht ist.
Den Milchshake sofort servieren.

PORRIDGE

Für 4 Personen – Zubereitung: 25 Minuten

ZUTATEN

300 g Erdbeeren • 40 g frische Datteln, entkernt
30 g Quinoaflocken • 30 g Roggenflocken • 30 g Dinkelflocken
30 g Buchweizenflocken • 40 g zarte Haferflocken
1 EL Chia-Samen • 1 Prise Salz
500 ml Mandel- oder Kuhmilch • Pistazienkerne zum Bestreuen

Erdbeeren und Datteln im Mixer oder in der Küchenmaschine glatt pürieren. Die Sauce bei Bedarf mit etwas Wasser verdünnen. Beiseitestellen. Alle Flocken, Chia-Samen, Salz und Mandelmilch in einem Topf mischen und unter Rühren aufkochen. Dann bei schwacher Hitze 20 Minuten köcheln lassen, bis die Flocken weich sind und der Porridge cremig ist. Dabei häufig umrühren und gelegentlich einen Schuss Wasser zugeben, wenn der Brei zu dick wird. Mit der Erdbeersauce beträufeln und mit den Pistazien bestreut servieren.

KNUSPRIGES GRANOLA

Für 8 Personen – Zubereitung: 40 Minuten

ZUTATEN

200 g Haferflocken • 200 g Quinoaflocken oder andere Getreideflocken
250 g gemischte Nusskerne (z. B. Mandeln, Pistazien, Pekannusskerne
und Macadamianusskerne), grob gehackt
65 g Kürbiskerne • ½ TL Salz • 1 ½ TL gemahlener Zimt
100 ml Kokosöl, geschmolzen • 250 ml ungesüßter Apfelsaft
1 Eiweiß (Größe L) • 25 g Kokosraspel
125 g gemischte Trockenfrüchte, gehackt

Den Backofen auf 150 °C vorheizen, ein Backblech mit Backpapier belegen.
Flocken, Nusskerne, Kürbiskerne, Salz, Zimt, Kokosöl und Apfelsaft in einer
großen Schüssel sorgfältig vermischen. Das Eiweiß schaumig schlagen
und unterheben. Die Mischung auf dem Blech verteilen und im Ofen
15 Minuten backen. Die Kokosraspel untermischen und die Müslimischung
15–20 Minuten weiterbacken, bis sie knusprig goldbraun ist. Das Granola
auf dem Blech abkühlen lassen, dann die Trockenfrüchte untermengen.
In einem luftdicht schließenden Gefäß aufbewahren.

MÜSLI DE LUXE

Für 8 Personen – Zubereitung: 5 Minuten

ZUTATEN

120 g Haferflocken • 120 g Quinoaflocken
120 g Dinkel- oder Roggenflocken • 60 g Mandeln, gehackt
60 g Pekannusskerne, gehackt • 60 g Pistazienkerne, gehackt
30 g Kürbiskerne • 45 g Sonnenblumenkerne
1 ½ EL Chia-Samen • 2 EL Sesamsamen
30 g Kokosraspel • 60 g Rosinen • 30 g getrocknete Kirschen
60 g getrocknete Mango, gehackt • 30 g Goji-Beeren
90 g getrocknete Aprikosen, gehackt • 2 TL gemahlener Zimt
Mark von 1 Vanilleschote • 1 TL frisch geriebene Muskatnuss • 1 Prise Salz

Flocken, Mandeln, Kerne, Samen, Kokosraspel, Trockenfrüchte und Gewürze
in einer großen Schüssel vermischen. Die Müslimischung in einem
luftdicht schließenden Gefäß aufbewahren.

BIRCHERMÜSLI

Für 4–6 Personen – Zubereitung: 10 Minuten, plus Quellen über Nacht

ZUTATEN

180 g Haferflocken • 60 g Buchweizen-, Roggen- oder Dinkelflocken
40 g gemischte Samen und Kerne (z. B. Chia-Samen, Sonnenblumen- und
Kürbiskerne) • 2 Äpfel, entkernt und geraspelt • 400 ml ungesüßter Apfelsaft
500 ml Milch • Mark von ½ Vanilleschote • 1 TL gemahlener Zimt
frische Beeren, gehackte Trockenfrüchte, Nüsse und/oder
griechischer Joghurt zum Servieren

Flocken, Samen, Kerne, Äpfel, Apfelsaft, Milch und Gewürze in einer großen
Schüssel sorgfältig vermischen. Die Müslimischung abgedeckt über
Nacht oder mindestens mehrere Stunden im Kühlschrank quellen lassen.
Das Müsli nach Geschmack mit Beeren, Trockenfrüchten,
und/oder Joghurt servieren.

PFIRSICH-PANCAKES

Für 4 Personen – Zubereitung: 20 Minuten

ZUTATEN

125 g Vollkornmehl • ½ TL Backpulver • 1 Prise Salz
1 TL Kokosöl, geschmolzen, plus mehr zum Braten • 1 Ei (Größe M)
150 ml Mandel- oder Kuhmilch • Mark von ½ Vanilleschote
6 reife Pfirsiche • 3 EL Butter
1 TL gemahlener Zimt • 180 ml ungesüßter Apfelsaft

Mehl, Backpulver und Salz in einer Schüssel mischen. In die Mitte eine Mulde drücken und Öl, Ei, Milch und Vanillemark hineingeben. Alles von der Mitte aus langsam verrühren. 2 Pfirsiche raspeln und unterrühren. Etwas Öl in einer Pfanne erhitzen und pro Pancake 1 gehäuften EL Teig hineinsetzen. Die Pancakes braten, bis die Unterseite goldbraun ist. Dann wenden und die zweite Seite ebenfalls 30 Sekunden backen. Auf einen Teller legen und mit Alufolie abdecken. Mit dem restlichen Teig wiederholen. Die restlichen Pfirsiche halbieren, entsteinen und in Spalten schneiden. In der heißen Butter braten, bis sie weich werden. Mit Zimt bestäuben, den Apfelsaft zugießen und unter Rühren sämig einkochen lassen. Bei Bedarf noch etwas Butter oder Saft zugeben, damit eine Sauce entsteht. Die Pancakes mit den Pfirsichen belegen und mit der Sauce beträufeln.

HEIDELBEERWAFFELN

Für 4–6 Personen – Zubereitung: 25 Minuten

ZUTATEN

300 g Heidelbeeren • 100 g Roggenmehl • 100 g Mehl
½ TL Backpulver • ½ TL Natron • 200 ml Milch
2 Eier (Größe M), leicht verquirlt • 50 g Butter, geschmolzen und abgekühlt
Mark von ½ Vanilleschote
120 g griechischer Joghurt, plus mehr zum Servieren
gehackte Haselnüsse zum Bestreuen

———

AUSSERDEM: Waffeleisen • Pflanzenöl

64

Für die Sauce im Mixer oder in der Küchenmaschine 200 g Heidelbeeren cremig pürieren. Beide Mehlsorten, Backpulver und Natron in einer Schüssel mischen. In die Mitte eine Mulde drücken und Milch, Eier, Butter, Vanillemark und Joghurt hineingeben. Alles von der Mitte aus langsam zu einem glatten Teig verrühren. Die restlichen Heidelbeeren vorsichtig unterheben. Das Waffeleisen vorheizen und mit Öl einfetten. Jeweils eine Portion Teig hineingeben und nach Zeitangabe des Herstellers knusprig backen. Fertige Waffeln auf ein Kuchengitter legen. Die Waffeln mit Joghurt, Heidelbeersauce und Haselnüssen servieren.

ARME RITTER MIT BANANE

Für 2 Personen – Zubereitung: 15 Minuten

ZUTATEN

2 Eier (Größe L) • 2 EL Butter, geschmolzen • 1 großzügige Prise Salz
1 Prise gemahlene Muskatblüte • 1 Prise frisch geriebene Muskatnuss
1 Prise gemahlene Gewürznelke • ¼ TL gemahlener Zimt
abgeriebene Schale von 1 Bio-Orange • 2 EL Orangensaft
1 große, reife Banane, zerdrückt • 2 EL Frischkäse • 4 dicke Scheiben Weißbrot
2 EL gehackte Pekannusskerne (nach Belieben) • 1 EL Pflanzenöl

Die Eier mit 1 EL geschmolzener Butter, Salz, Gewürzen,
Orangenschale und Orangensaft in einer flachen Schüssel verquirlen.
In einer zweiten Schüssel Banane und Frischkäse verrühren. 2 Brotscheiben
mit der Bananencreme bestreichen, nach Belieben mit Pekannüssen
bestreuen und mit den restlichen Brotscheiben abdecken. Die Brote leicht
zusammendrücken. Die Brote in die Eiermischung legen und kurz quellen
lassen. Dann wenden und die zweite Seite ebenfalls quellen lassen. Die restliche
Butter und das Öl in einer Pfanne erhitzen. Die Brote darin 2 Minuten braten,
bis die Unterseite knusprig goldbraun ist. Wenden und die zweite Seite
ebenfalls 1 Minute braten. Herausnehmen und sofort servieren.

TOAST MIT FRISCHEN ERDBEEREN

Für 4 Personen – Zubereitung: 10 Minuten

ZUTATEN

4 dicke Scheiben Sauerteig- oder Bauernbrot
200 g Frischkäse
200 g Erdbeeren, entkelcht und in Scheiben geschnitten
gemahlener Zimt zum Bestreuen

Die Brotscheiben knusprig toasten. Inzwischen den Frischkäse cremig rühren.
Die Brote dick mit Frischkäse bestreichen, mit den Erdbeeren belegen
und mit Zimt bestreuen. Die Toasts sofort servieren.

SNACKS

Naschen Sie auch zwischendurch gerne mal einen Snack? Besser als gezuckerte Fertigriegel sind die gesunden Häppchen auf den folgenden Seiten. Und essen Sie nicht zu viel Trockenobst, denn das enthält ebenso viel Zucker wie Nährstoffe.

Popcorn • Gewürzmandeln • Fruchtkaramell
Fruchtdip • Bananentoast • Apfelchips • Orangen-Grissini
Donutbällchen • Aprikosen-Kokos-Kugeln
Energieriegel • Dattel-Nuss-Schnitten • Schokorosinen
Gefüllte Datteln • Dattel-Tahin-Fudge

POPCORN

Für 2–4 Personen – Zubereitung: 10 Minuten

ZUTATEN

50 g Butter, geschmolzen • Mark von 1 Vanilleschote
1 ½ EL Pflanzenöl • 50 g Popcorn-Mais
gemahlener Zimt zum Bestreuen

Die Butter mit dem Vanillemark verrühren und beiseitestellen.
Das Öl in einem großen, schweren Topf bei mittlerer Hitze erwärmen.
Einige Maiskörner hineingeben und den Deckel auflegen. Sobald die
Körner gepoppt sind, den Topf vom Herd nehmen und den restlichen Mais
hineinstreuen. Umrühren, den Topf abgedeckt wieder auf den Herd stellen
und erhitzen, bis die Körner im Abstand von 3 Sekunden poppen. Den Topf
dabei gelegentlich rütteln. Dann vom Herd nehmen, nochmals rütteln und
die letzten Körner poppen lassen. Den Deckel abnehmen und die
Vanillebutter über das Popcorn träufeln. Nach Geschmack mit Zimt
bestreuen, umrühren und sofort servieren.

GEWÜRZMANDELN

Ergibt etwa 350 g – Zubereitung: 1 Stunde

ZUTATEN

abgeriebene Schale von 2 Bio-Limetten • 60 ml Limettensaft
1 EL Kokosöl, geschmolzen • 1 TL geräuchertes Paprikapulver
1 TL scharfes Paprikapulver • 1 TL gemahlener Zimt
2 TL Salz • 12 Tropfen Tabasco Chipotle (oder nach Belieben)
300 g Mandeln, geschält

Den Backofen auf 120 °C vorheizen, ein Backblech mit Backpapier
belegen. Limettenschale und -saft, Kokosöl, Gewürze, Salz und Tabasco
in einer Schüssel verrühren. Die Mandeln unterheben, bis sie rundum mit
der Würzmischung überzogen sind. Die Mandeln dann in einer Schicht
nebeneinander auf dem Blech ausbreiten und im Ofen 45–60 Minuten backen,
bis sie sich golden färben. Dabei nach der Hälfte der Backzeit einmal
durchmischen und darauf achten, dass die Mandeln nicht verbrennen.
Auf dem Blech abkühlen lassen und servieren.

FRUCHTKARAMELL

Ergibt 2 Rechtecke – Zubereitung: 30 Minuten, plus 6–8 Stunden Trocknen

ZUTATEN

800 g reifes Steinobst (z. B. Pflaumen, Pfirsiche, Aprikosen),
mit Schale in kleine Stücke geschnitten
einige Tropfen Zitronensaft • 1 Banane (nach Belieben)

Früchte, Zitronensaft und 1 Schuss Wasser in einem Topf köcheln lassen, bis sich Saft bildet. Dabei gelegentlich umrühren. Die Früchte dann abgedeckt bei schwacher Hitze 15 Minuten weiterköcheln lassen, bis sie sehr weich sind. Dabei regelmäßig umrühren. Die Früchte im Mixer glatt pürieren, nach Belieben die Banane oder ein Stück davon zugeben und nochmals pürieren. Den Backofen auf 50 °C vorheizen, zwei Backbleche mit Backpapier belegen. Die Fruchtmasse darauf 3–5 mm dick zu Rechtecken (30 x 25 cm) verstreichen. Im Ofen 6–8 Stunden trocknen lassen, bis die Masse gelartig ist und sich leicht vom Papier lösen lässt. Den Fruchtkaramell mit dem Papier in schmale Streifen schneiden, aufrollen und servieren.

FRUCHTDIP

Für 4–6 Personen – Zubereitung: 10 Minuten

ZUTATEN

180 g gemischte, tiefgekühlte Beeren, aufgetaut
100 g frische Datteln, entkernt • 3 EL Kokosöl, geschmolzen
3 EL Kokosmilch • abgeriebene Schale von ½ Bio-Orange
frische Früchte zum Servieren, in Spalten geschnitten

Beeren und Datteln im Mixer oder in der Küchenmaschine glatt
pürieren. Kokosöl, Koskosmilch und Orangenschale zugeben
und untermixen, bis eine glatte Creme entsteht. Den Fruchtdip
mit den frischen Früchten servieren.

BANANENTOAST

Für 1–2 Personen – Zubereitung: 10 Minuten

ZUTATEN

20 ml Kokosöl • 1 Banane • 1 TL gemahlener Zimt
1 Prise frisch geriebene Muskatnuss • 2 Scheiben Vollkornbrot
gemischte Beeren zum Servieren

Das Kokosöl in einer Pfanne bei mittlerer Hitze erwärmen.
Die Banane in Scheiben schneiden. Diese im heißen Öl von beiden
Seiten anbraten, bis sie weich und karamellisiert sind. Mit Zimt und
Muskat bestäuben und 1 Minute weiterbraten. Die Bananenscheiben dann
pürieren oder fein zerdrücken. Die Brotscheiben knusprig toasten.
Mit der Bananencreme bestreichen und sofort mit den Beeren servieren.

APFELCHIPS

ZUTATEN
4 Äpfel
1 TL gemahlener Zimt

Den Backofen auf 110 °C vorheizen, zwei Backbleche mit Backpapier belegen.
Die Äpfel mit Schale in hauchdünne Scheiben hobeln oder schneiden.
Die Scheiben in einer Schicht nebeneinander auf die Backbleche legen und
mit Zimt bestäuben. Im Ofen je nach Dicke 4–5 Stunden trocknen, bis die
Scheiben hellbraun sind und gerade hart werden. Dabei nach der Hälfte der
Backzeit einmal wenden. Den Ofen ausschalten und die Chips darin abkühlen
lassen. In einem luftdicht schließenden Gefäß aufbewahren.

ORANGEN-GRISSINI

Ergibt etwa 40 Stück – Zubereitung: 1 Stunde, plus 2 ¾ Stunden Ruhen

ZUTATEN

90 ml Orangensaft, erwärmt • 1 Prise Safranfäden, fein geschnitten
¼ Würfel frische Hefe (10 g)
450 g Mehl, plus mehr zum Arbeiten • 1 TL Salz
abgeriebene Schale von 1 Bio-Orange
Pflanzenöl zum Arbeiten und zum Bestreichen

Orangensaft und Safran in einer Schüssel verrühren. Hefe und 200 ml lauwarmes Wasser in einer zweiten Schüssel verrühren und 5 Minuten ruhen lassen. Mehl, Salz und Orangenschale in einer weiteren Schüssel mischen. Safran- und Hefemischung zugießen und alles zu einem Teig verrühren. Diesen auf der bemehlten Arbeitsfläche 10 Minuten kräftig durchkneten. Dann in eine geölte Schüssel legen und abgedeckt 20 Minuten gehen lassen. Den Teig danach auf der geölten Arbeitsfläche ausrollen, in der Mitte zusammenfalten, nochmals falten und zu einer Kugel formen. Wieder in die geölte Schüssel legen und abgedeckt nochmals 2 Stunden gehen lassen. Den Backofen auf 200 °C vorheizen, zwei Bleche mit Backpapier belegen. Mit der Faust die Luft aus dem Teig drücken und diesen auf einem bemehlten Schneidebrett zu einem 5 mm dicken Rechteck flach drücken. Das Rechteck längs in 2 cm breite Streifen schneiden und diese von der Längsseite her aufrollen. Auf die Bleche legen, mit Öl bepinseln und 20 Minuten gehen lassen. Im Ofen 20 Minuten backen und auf einem Gitter auskühlen lassen.

DONUTBÄLLCHEN

Ergibt 24 Stück – Zubereitung: 40 Minuten, plus 2–3 Stunden Ruhen

ZUTATEN

½ Würfel frische Hefe (20 g)
300 g Mehl • 1 TL Salz
750 ml Pflanzenöl zum Frittieren, plus mehr zum Arbeiten
Heidelbeerkonfitüre (s. S. 28) oder Fruchtdip (s. S. 78) zum Servieren

Die Hefe mit 60 ml lauwarmen Wasser verrühren und 5 Minuten ruhen lassen. Mehl und Salz in einer Schüssel mischen. Die Hefemischung zugießen und langsam maximal 120 ml Wasser einrühren, bis ein klebriger Teig entsteht. Den Teig auf der leicht geölten Arbeitsfläche kurz durchkneten. Dann in eine geölte Schüssel legen, mit Frischhaltefolie abdecken und an einem warmen Ort 2–3 Stunden gehen lassen, bis er sein Volumen verdoppelt hat. Danach mit der Faust die Luft aus dem Teig drücken und diesen 1 Minute kneten. Den Teig in 24 Stücke teilen und zu Bällchen formen. Das Öl in einem großen Topf auf 175 °C erhitzen und die Bällchen darin portionsweise etwa 6 Minuten goldgelb frittieren. Dabei mehrmals wenden. Mit einem Schaumlöffel herausheben und auf Küchenpapier abtropfen lassen. Die Donuts warm mit Konfitüre oder Fruchtdip servieren.

APRIKOSEN-KOKOS-KUGELN

Ergibt 50 Stück – Zubereitung: 15 Minuten

ZUTATEN

120 g Haferflocken

70 g ungesüßte Erdnussbutter (s. S. 26) • 100 g getrocknete Aprikosen

40 g Puffreis • 20 g Kokosraspel, plus mehr zum Wälzen

80–100 g ungesüßtes Apfelmus (s. S. 22)

Die Haferflocken im Mixer oder in der Küchenmaschine fein zerkleinern.
Erdnussbutter, Aprikosen, Puffreis und Kokosraspel zugeben und alles zu einer
glatten Masse mixen. 80 g Apfelmus zugeben und weitermixen, bis die
Masse bindet. Bei Bedarf noch etwas Apfelmus untermixen. Aus der Masse
50 Bällchen formen und in den Kokosraspeln wälzen. Die Kugeln in einem
luftdicht schließenden Gefäß im Kühlschrank aufbewahren.

ENERGIERIEGEL

Ergibt 16 Stück – Zubereitung: 15 Minuten, plus 2 Stunden Kühlen

ZUTATEN

400 g frische Datteln, entkernt • 60 ml Kokosöl, geschmolzen
Mark von 1 Vanilleschote • 40 g ungesüßtes Kakaopulver
125 g gemahlene Mandeln • 1 Prise Salz • 1 gehäufter EL Goldleinsamen
40 g Pistazienkerne, grob gehackt • 40 g Walnusskerne, grob gehackt
50 g getrocknete Heidelbeeren • 50 g Sonnenblumenkerne
2 EL Kokosraspel

———————

AUSSERDEM: quadratische Form (20 x 20 cm)

Die Datteln im Mixer oder in der Küchenmaschine zu einer Paste zerkleinern. Kokosöl, Vanillemark und Kakao untermixen, bis eine glatte Masse entsteht. Die Masse in eine Schüssel füllen und die Mandeln unterrühren. Nacheinander Salz, Leinsamen, Pistazien, Nüsse, Beeren und Kerne einrühren und alles sorgfältig vermischen. Die Form mit Backpapier auslegen. Die Masse in die Form füllen und mit einem Löffelrücken gleichmäßig verstreichen. Mit den Kokosraspeln bestreuen und leicht andrücken. Die Masse im Kühlschrank 2 Stunden fest werden lassen. Danach in 16 Quadrate schneiden. Die Energieriegel in einem luftdicht schließenden Gefäß im Kühlschrank aufbewahren.

DATTEL-NUSS-SCHNITTEN

Für 16 Stück – Zubereitung: 10 Minuten, plus 2 Stunden Kühlen

ZUTATEN

225 g frische Datteln, entkernt • 150 g Haferflocken
80 g Rosinen • 50 g getrocknete Äpfel • 50 g Haselnusskerne
25 g Walnusskerne • 25 g gemahlene Mandeln
3 EL ungesüßtes Apfelmus (s. S. 22) • 1 ½ TL gemahlener Zimt
1 Prise frisch geriebene Muskatnuss

———

AUSSERDEM: quadratische Form (20 x 20 cm)

Datteln, Flocken, Trockenfrüchte, Nüsse, Mandeln, Apfelmus und Gewürze
im Mixer oder in der Küchenmaschine zu einer klebrigen, stückigen
Masse vermischen. Die Form mit Frischhaltefolie auslegen. Die Masse
in die Form füllen und mit einem Löffelrücken gleichmäßig verstreichen.
Mit Folie abgedeckt im Kühlschrank 2 Stunden fest werden lassen.
Danach in 16 Quadrate schneiden. In einem luftdicht schließenden
Gefäß im Kühlschrank aufbewahren.

SCHOKOROSINEN

Ergibt etwa 350 g – Zubereitung: 10 Minuten, plus 2 Stunden Kühlen

ZUTATEN

100 g dunkle Schokolade (100 % Kakaogehalt), geraspelt
80 ml Kokosöl • 4 EL Crème fraîche
Mark von ½ Vanilleschote • 200 g Rosinen

Ein Backblech mit Backpapier belegen. Schokolade und Kokosöl
in eine Schüssel geben und über dem heißen Wasserbad unter Rühren
schmelzen lassen. Die Schüssel vom Wasserbad nehmen und Crème fraîche,
Vanillemark und Rosinen unter die flüssige Schokolade rühren.
Die Schokomasse auf dem Blech verstreichen, dabei darauf achten, dass
die Rosinen nicht übereinanderliegen. Im Kühlschrank 2 Stunden fest
werden lassen. Dannach in Stücke brechen. Die Schokorosinen in einem
luftdicht schließenden Gefäß im Kühlschrank aufbewahren.

GEFÜLLTE DATTELN

Ergibt 24 Stück – Zubereitung: 15 Minuten

ZUTATEN
120 g Ziegenfrischkäse • 1 TL abgeriebene Schale von 1 Bio-Orange
50 g gemischte Nusskerne (z. B. Pistazienkerne, Mandeln, Walnusskerne), fein gehackt
24 frische Datteln, entkernt

Den Frischkäse mit der Orangenschale zu einer glatten Creme verrühren. Die Nusskerne untermischen. Die Datteln vorsichtig längs aufschneiden und mit einem Messer oder einem Teelöffel jeweils etwas Frischkäsecreme hineinfüllen. Die Datteln wieder zusammendrücken und sofort servieren.

DATTEL-TAHIN-FUDGE

Für 24 Stück – Zubereitung: 15 Minuten, plus 1–2 Stunden Kühlen

ZUTATEN

400 g frische Datteln, entkernt
120 g Tahin (Sesammus)
120 g Crème fraîche • 1 großzügige Prise Salz

———————

AUSSERDEM: quadratische, gefriergeeignete Form (20 x 20 cm)

Die Form mit Backpapier auslegen. Die Datteln im Mixer oder
in der Küchenmaschine zu einer Paste zerkleinern. Tahin, Crème fraîche
und Salz untermixen, bis eine glatte, cremige Masse entsteht. Die Masse
in die Form füllen, mit einem Spatel gleichmäßig verstreichen und die
Oberfläche glätten. Im Gefrierschrank 1–2 Stunden fest werden lassen.
Danach in 24 Quadrate schneiden. Den Fudge in einem luftdicht
schließenden Gefäß im Kühlschrank aufbewahren.

KUCHEN & KEKSE

Gebäck ohne Zucker schmeckt richtig köstlich!
Glauben Sie nicht? Dann lassen
Sie sich von den leckeren Rezepten in
diesem Kapitel überzeugen.